I0707260

9 781658 001694